FABULAS DE SIEMPRE

SELECCION DE FABULAS DE ESOPO

Adaptadas por
LUCY KINCAID

Ilustradas por
ERIC KINCAID

EDITORIAL EVEREST, S. A.

Madrid • León • Barcelona • Sevilla • Granada • Valencia
Zaragoza • Las Palmas de Gran Canaria • La Coruña
Palma de Mallorca • Alicante • México • Lisboa

Título original: *Timeless fables*
Traducción: Susana Rodríguez

SÉPTIMA EDICIÓN, primera reimpresión, 1999

© BRIMAX RIGHTS LTD. ENGLAND 1981
EDITORIAL EVEREST, S. A.
Carretera León-La Coruña, km 5 - LEÓN
ISBN: 84-241-5431-2
Depósito legal: LE. 106-1998
Printed in Spain - Impreso en España

EDITORIAL EVERGRÁFICAS, S. L.
Carretera León-La Coruña, km 5
LEÓN (España)

INDICE

LA ZORRA Y LAS UVAS

Una zorra vio unas uvas que crecían en una parra.

—Qué deliciosas parecen —dijo relamiéndose hambrienta.

—Me las comeré antes de que alguien más venga y las vea.

Las uvas colgaban en lo alto de la parra. La zorra se estiró todo lo que pudo, pero no era lo bastante alta para alcanzarlas. Saltó, saltó de nuevo y otra vez. Cada vez que saltaba casi alcanzaba las uvas, pero siempre que saltaba repetidamente fallaba en su intento. Saltó hasta que sus patas estuvieron tan cansadas que no pudieron saltar más, y todavía las uvas colgaban de manera provocativa en la parra.

—Ahora veo que estaba equivocada —dijo la zorra mientras se alejaba de la viña con el hocico en alto como si no le importase. Al principio pensé que las uvas estaban maduras y listas para comer, pero ahora veo que están verdes y en absoluto apropiadas para comerlas.

EL CAZADOR CALVO

Un hombre que no tenía pelo se compró una peluca.

Un día estaba cazando con sus amigos cuando una fuerte ráfaga de viento hizo volar su sombrero y se llevó la peluca con él. Sus amigos intentaron no reírse de su malestar, pero el hombre calvo no pudo evitar reírse de sí mismo e hizo reír a sus amigos hasta que las lágrimas corrieron por sus mejillas cuando dijo:

—Si el pelo del que la peluca está hecho no se mantuvo pegado a la cabeza donde creció, ¿cómo podía yo esperar que se quedara en la mía?

Ríe y el mundo reirá contigo.

EL LEÓN Y EL RATÓN

Un león estaba un día dormido, cuando un ratón correteó sobre su cara. El león despertó con un gruñido y cogió al ratón con su garra. El ratón aterrorizado al ver que estaba a punto de morir, suplicó por su vida.

—Por favor ¡oh grande y poderoso león!, por favor, déjame ir. —Dame la libertad y algún día recompensaré tu amabilidad.

El león estaba tan divertido de pensar que el ratón diminuto asustado y tembloroso creía que podría ayudar a alguien tan fuerte, grande y sin miedo como él que se rió a carcajadas y dejó ir al ratón.

Algunos días más tarde, cuando el ratón estaba corriendo entre la maleza, oyó rugir al león. Le pareció al ratón como si el león estuviese en algún tipo de apuro. Fue a ver si podía ayudarle.

El león estaba atrapado en una red de cazador y no podía encontrar la salida.

—No hay nada que TU puedas hacer para ayudarme —dijo el león tristemente cuando vio al ratón—. Cuando vuelvan los cazadores me matarán.

—Tu último día aún no ha llegado —dijo el ratón.

Empezó a mordisquear la red con sus afilados dientecillos. En seguida había hecho un gran agujero suficiente para que el león saliera arrastrándose.

—Tenías razón —dijo el león, mientras él y el ratón se apresuraban a salvarse.

Hay ocasiones en que los débiles son capaces de ayudar a los fuertes.

EL PÁJARO ENJAULADO Y EL MURCIÉLAGO

Un pájaro cantor estaba preso en una jaula que colgaba fuera de la ventana de una cabaña.

Tenía una hermosa voz pero, a diferencia de los otros de su especie, sólo cantaba al caer la noche. Una vez cuando estaba cantando, un murciélago voló y se colgó de los barrotes de su jaula.

—¿Por qué cantas por la noche y permaneces silencioso todo el día, cuando otros pájaros como tú cantan durante el día y permanecen callados por la noche?

—Tengo una razón muy buena para hacer lo que hago —dijo el pájaro tristemente.

—Entonces, por favor, dime qué es —dijo el murciélago.

—Cuando yo era libre de volar por donde yo quería, cantaba todo el día —dijo el pájaro—. Un día un cazador de pájaros me oyó y vino a buscarme. Colocó su red y me capturó. Es él quien me tiene encerrado en esta jaula. Perdí mi libertad por cantar de día. Ahora sólo canto cuando estoy escondido en la oscuridad.

—Me parece —dijo el murciélago— que si hubieras pensado en ello cuando eras libre, ahora no serías un prisionero.

UN CHICO BAÑANDOSE

Un niño estaba chapoteando en el río y divirtiéndose cuando llegó adonde le cubría.

—¡Ayudadme! ¡Me ahogo! —gritaba mientras intentaba mantenerse a flote.

Un hombre, que paseaba con su perro por la orilla del río, oyó los gritos del niño.

—¿Qué estás haciendo en el río, niño tonto? —dijo. Son aguas muy profundas.

—¿No te ha dicho nadie que te ahogarás si juegas en aguas profundas? ¿No te dijo tu madre que te alejes del río?

El chico balbuceó y luchó por su vida, pero todavía permanecía el hombre regañándole en la orilla.

—¡Señor! —gritó el niño, puesto que se veía hundir—. Por favor, ayúdeme primero y regáñeme después.

En una dificultad, primero ayuda y riñe después.

EL CERDO Y LAS OVEJAS

Un cerdo fugado se encontró en un campo donde había ovejas pastando. El pastor no quería tener un cerdo entre sus ovejas.

Tomó al cerdo y lo puso bajo su brazo.

—Te voy a llevar al carnicero —dijo el pastor mientras se llevaba al cerdo.

El cerdo armó tal griterío y dio tales meneos que las ovejas estaban asombradas.

—¿Por qué armas tanto alboroto? —preguntaron.

—NOSOTRAS no armamos un jaleo así cuando el pastor NOS lleva.

—Eso es porque quiere menos de vosotras que de mí —dijo el cerdo—. El os quiere a vosotras por vuestra lana, pero a mí me quiere para jamón.

EL APICULTOR Y LAS ABEJAS

Un colmenar es el lugar donde un apicultor cuida abejas en enjambres.

Las abejas tienen un lugar para vivir y a cambio el apicultor toma parte de la miel que producen. Un buen apicultor nunca recoge toda la miel. Siempre deja algo para las abejas.

Un día un ladrón se encontró en su camino con un colmenar cuando ni las abejas ni el apicultor estaban allí.

Volcó todas las colmenas y robó TODA la miel.

El apicultor fue el primero en volver. Estaba consternado cuando vio lo que había pasado.

—Mis pobres abejas —suspiró—. ¿Qué harán cuando vean toda esta destrucción? Debo hacer lo que pueda para arreglar las cosas.

Estaba volviendo a poner en pie una de las colmenas cuando volvieron las abejas.

Las abejas vieron las colmenas volcadas y los panales rotos. Vieron al apicultor y llegaron a una conclusión.

BZZZZZZZZZZ. Estaban muy enfadadas.

Volaron alrededor del apicultor y le atacaron en una locura de zumbidos.

Le picaron una y otra vez.

—¡Canallas! —gritó el apicultor cuando no pudo soportar más el dolor—. ¿Cómo es que dejáis ir libre al ladrón que roba vuestras miel y picáis al que siempre ha cuidado de vosotras?

LA ZORRA Y LA CIGÜEÑA

Una zorra invitó a una cigüeña a cenar. Preparó una sopa y la sirvió en una gran bandeja plana. Parecía deliciosa. Olía muy bien.

—Vamos a empezar —dijo la zorra y comenzó a lamer.

—¡Mmm!.., esta sopa está buena, dijo relamiéndose.

—¿Qué piensas de ella, amiga mía?

—Encuentro imposible decir lo que pienso de ella —dijo la cigüeña, picoteando en vano la bandeja con su largo pico—. No puedo hacer llegar absolutamente nada de sopa a mi boca.

Era lo que la vieja astuta zorra había pensado que pasaría. Lo encontró muy divertido y terminó ella misma la sopa con una astuta sonrisa en su cara.

Unos pocos días después la cigüeña invitó a la zorra a cenar. Ella también preparó sopa.

A la zorra se le hizo la boca agua cuando la vio cocinando.

La cigüeña sirvió SU sopa en una jarra que era ancha en su base y estrecha en la boca.

—Vamos a empezar —dijo la cigüeña sumergiendo su pico en la jarra y dando un gran sorbo—. ¡Mmm!.., esta es una sopa muy buena, aunque sea yo misma quien lo diga. ¿Qué piensas tú de ella, amiga mía?

—¿Cómo puedo decir a qué sabe tu sopa si no puedo meter la cabeza en la jarra para lamerla? —refunfuñó la zorra.

La cigüeña no dijo nada más, pero acabó la sopa mientras la zorra miraba. Los papeles se habían cambiado, pero por alguna razón la astuta zorra no encontró esa vez la broma graciosa.

LA CIGARRA Y LAS HORMIGAS

Un día en pleno invierno, cuando las hormigas estaban poniendo en orden su almacén, vino una cigarra llamando a la puerta.

—¿Qué quieres? —preguntaron las hormigas, mientras ellas seguían barriendo, limpiando y clasificando. Las hormigas nunca dejaban de trabajar para hacer preguntas o para esperar respuestas.

—Tengo mucha hambre —dijo la cigarra—. Vosotras tenéis bastante comida en vuestro almacén. Por favor, dadme algo de comer antes de que muera de hambre.

Las hormigas estaban tan impresionadas que soltaron sus rastrillos y escobas y se reunieron alrededor de la cigarra.

—¿Qué estuviste haciendo el verano pasado cuando la comida era tan abundante? —preguntaron—. ¿No estuviste fuera recolectando grano y poniéndolo en el almacén para que así tuvieras comida para pasar los fríos meses de invierno?

—Bien, para deciros la verdad —dijo la cigarra—, estaba tan ocupada cantando y disfrutando del sol que no tuve tiempo para ahorrar.

—Si pasaste el verano cantando, puede que debas pasar el invierno bailando sin preocuparte para nada de comer —dijeron las hormigas—. Recogieron sus rastrillos y sus escobas y volvieron al trabajo.

No ofrecieron un solo grano de trigo a la cigarra, que se fue hambrienta por no haber sido previsora.

JÚPITER Y LA MONA

El dios Júpiter iba a dar un premio al animal que tuviera el bebé más bonito.

El día que se concedía el premio, los animales se reunieron con sus bebés a esperar el juicio de Júpiter.

Entre los animales estaba una mona. Júpiter se rio cuando vio al pequeño bebé sin pelo y de nariz chata.

—Tu bebé seguro que no ganará el premio —dijo cuando pudo parar de reír—. Nunca he visto en mi vida una criatura de apariencia tan singular.

La mona abrazó a su bebé y contempló su carita.

—No me importa lo que Júpiter, o cualquier otro, crea —dijo cariñosamente—. Para mí TU eres el bebé más bonito del mundo, y nadie me convencerá de lo contrario.

UN LOBO CON PIEL DE OVEJA

Un malvado lobo se disfrazó con una piel de oveja. Entonces se metió entre un rebaño de ovejas mientras estaban pastando en un campo. Planeó esperar hasta que estuviera oscuro y entonces llevarse la oveja más gorda para su cena.

Las ovejas le miraron con desconfianza. Sabían que no era igual que ellas, aunque no pudieran entender por qué. El mismo pastor no sospechó nada y cuando condujo a su rebaño al aprisco y las encerró para pasar la noche metió al lobo con ellas.

El lobo esperó pacientemente que cayera la noche.

Ya había decidido qué oveja iba a robar.

Pero la suerte dispuso que, en la granja, quisieran carne fresca para cenar esa noche. Uno de los hombres fue a matar una oveja. El malvado lobo estaba esperando que fuera un poco más de noche antes de quitarse su disfraz y marcharse con su cena.

Como todavía estaba vestido con la ropa de oveja, el hombre le tomó por una oveja más. Así, fue lobo lo servido para cenar aquella noche.

LA LUNA Y SU MADRE

La luna quería un camisón para llevarlo mientras paseaba a través del cielo. Pidió a su madre que le hiciese uno.

—Eso es algo que no podré hacerte nunca —dijo su madre.

—Pero, ¿por qué no? —lloró la luna—. En ese momento quería un camisón más que cualquier otra cosa en el mundo.

—Porque nunca podría hacerte un camisón que te quedara bien —dijo su madre.

—Pero ¿por qué no? —lloró la luna.

—Porque —dijo su madre— a veces eres tan delgada que puedes deslizarte bajo una puerta cerrada. Y porque otras veces estás tan llena y redonda que puedes ser fácilmente confundida con un queso. Y además el resto del tiempo no eres ni gorda ni flaca, sino intermedia.

EL PERRO Y LA LIEBRE

Un perro estaba persiguiendo a una liebre; mientras corría, gruñía y la mordía con sus agudos dientes. Justo cuando la liebre pensó que había llegado su último momento, el perro paró de repente gruñendo y mordisqueando y bailaba alrededor de ella como si quisiera jugar.

—Ojalá te mostraras como eres en realidad —jadeó la liebre.

—Si eres mi amigo, ¿por qué intentas morderme?; si eres mi enemigo, ¿por qué quieres jugar conmigo?

EL MALGASTADOR Y LA GOLONDRINA

Había una vez un hombre que era un malgastador.

Había derrochado una fortuna gastando el dinero tontamente y nunca pensaba en lo que el futuro le podía traer.

Todo lo que tenía que podía llamar suyo eran las ropas que llevaba puestas.

Un día, al empezar la primavera, cuando el sol brillaba y el aire era templado, vio una solitaria golondrina.

—Las golondrinas están aquí. Eso quiere decir que llega el verano —dijo. Se quitó su abrigo y lo vendió a la primera persona que pasaba.

—Nadie necesita un abrigo en verano —dijo. Se gastó el dinero que recibió por él en el acto.

Pero entonces, como ocurre a menudo, a principios de primavera, cuando el tiempo cambia de cálido a frío y vuelve a cambiar como una veleta, hubo una dura e intensa helada. Lo convirtió todo en blanco y heló los charcos. El frío era tan riguroso que mató a la golondrina.

El malgastador vio el cuerpo de la golondrina tendido en el suelo.

—Pájaro miserable (tiritó mientras intentaba calentarse). Por ti vendí mi abrigo y ahora yo también me estoy congelando.

Una golondrina no hace verano.

LA ZORRA Y EL GRAJO

Una zorra vio un grajo sentado en un árbol con un trozo de queso en su pico. A la zorra le gustaba el queso y se preguntaba cómo podría quitárselo.

De repente tuvo una idea; miró hacia el grajo con admiración, y dijo con toda la dulzura del mundo:

—¡Qué pájaro más bonito eres! ¡Cuán negras y suaves son tus plumas! Si además tuvieras una voz que igualara tu plumaje serías un rey entre los pájaros.

El grajo se irguió orgullosamente. Demostraría a la zorra que, por supuesto, era un rey entre las aves. Abrió el pico y graznó alto para demostrar que tenía una voz que igualaba a su plumaje. Con lo cual, claro está, el queso cayó al suelo.

—Podrías ser hemoso y tener una fina voz —rió
la zorra mientras agarraba el queso y huía con él—,
pero no creo que tengas cerebro si te pude engañar
demasiado fácilmente.

EL RATÓN DE CIUDAD Y EL RATÓN DE CAMPO

El ratón de campo vivía bajo un arbusto de un seto. Un día invitó a su amigo el ratón de ciudad. Le dio de comer granos de cebada y raíces, lo mejor que tenía en su despensa.

Al ratón de ciudad no le gustó el sabor terroso de la comida que le dio el ratón de campo.

—Mi pobre amiguito —dijo—. No vives mejor que las hormigas. Tienes que venir a casa conmigo. Te enseñaré qué comida debería gustarte.

El ratón de campo nunca había visto tanta comida como había en la despensa del ratón de ciudad.

Higos, miel, dátiles, manzanas, harina de avena…, todo con lo que un ratón sueña. Se había comido un dátil e iba a empezar con un higo cuando la puerta de la despensa se abrió de repente.

—¡Date prisa! ¡Debemos escondernos! —susurró el ratón de ciudad—. Antes de que el ratón de campo supiera que pasaba, se encontró acurrucado al lado de su amigo en un diminuto y oscuro agujero. Apenas era lo bastante grande para que cupiera un ratón, así que imagínate dos.

Cuando el ratón de ciudad decidió que estaban seguros, los dos ratones salieron fuera de él.

Estiraron sus piernas entumecidas, agitaron sus colas y volvieron con los higos. Apenas habían empezado a mordisquearlos cuando la puerta de la despensa giró, abriéndose de nuevo.

—¡Rápido! ¡Escóndete! —susurró el ratón de ciudad.

Una vez más el ratón de campo se encontró aprisionado en un diminuto agujero sin sitio para mover sus bigotes y con su corazón latiendo fuertemente.

Al ratón de campo no le gustaba estar aterrorizado dentro de un agujero cada dos minutos. Estaba acostumbrado a mover sus bigotes y a golpear con su cola cuando quería. La comida de la ciudad era muy buena, pero qué ventaja había en tener buena comida si te produce dolor de estómago el comerla.

El ratón de campo hizo su maleta y volvió a su casa. Su comida del campo podría ser sencilla, quizá supiese a tierra, pero al menos podía comerla en paz.

EL CABALLO Y SU JINETE

Un hombre joven intentó montar un caballo que no había sido domado bien; tan pronto como el caballo sintió al hombre sobre su lomo se desbocó.

Galopó a lo largo de la senda con los estribos sueltos y con los brazos del joven estrechados apretadamente alrededor de su cuello.

—¿A dónde vas con tanta prisa? —gritó un amigo del joven mientras se hacía a un lado para no ser atropellado.

—¡No me preguntes! —gritó el joven mientras el caballo seguía galopando—. No tengo ni idea de adonde vamos. Sería mejor que le preguntaras al caballo.

EL PESCADOR Y EL ARENQUE

Un pescador estaba pescando en el mar. Echaba con insistencia su red, pero siempre que la recogía estaba vacía.

Empezaba a pensar que no quedaba un solo pez en el mar, cuando pescó un pequeño arenque. Era tan diminuto que cabía holgadamente en la palma de su mano.

—¡Por favor, déjame ir! —dijo el arenque—. Puedes ver por ti mismo lo pequeño que soy. Cuando haya crecido podrás cogerme otra vez, te seré mucho más últil entonces. ¡Por favor, déjame marchar!

—¿Me tomas por tonto? —dijo el pescador.

—Si te dejo ir nunca te volveré a ver, lo sé muy bien. Ahora te tengo y me propongo quedarme contigo.

Vale más un pez en la mano que dos en el mar.

EL MOSQUITO Y EL TORO

Un mosquito se encontró cansado mientras volaba y se posó en el cuerno de un toro a descansar. Cuando el mosquito descansó dijo al toro:

—¿Le importa que me vaya ahora, señor toro?

—Me da lo mismo —dijo el toro sin pestañear—. No me había dado cuenta de que hubieses venido y tampoco me enteraré cuando te vayas.

A menudo nos creemos más importantes a nosotros mismos que lo somos para los demás.

EL CANGREJO Y SU MADRE

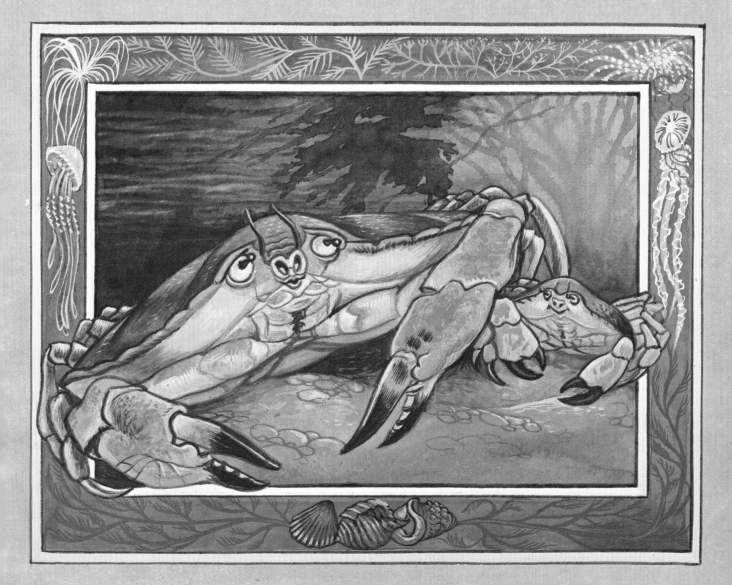

Un día una cangreja dijo a su hijo:

—¿Por qué siempre caminas de lado? Hace muy feo. Debes aprender a nadar hacia adelante.

—Lo haré mamá, si me enseñas cómo —dijo el cangrejito.

Pero la mamá cangrejo descubrió que ella misma sólo podía caminar de lado.

—Ahora me doy cuenta de que no debería haberte criticado por algo que no es culpa tuya —dijo ella.

EL CABRERO Y LA CABRA

Un cabrero estaba en la ladera de la montaña recogiendo sus cabras. Las tenía que llevar de vuelta a su corral en la granja, a la caída de la noche. Todas venían cuando las llamaba, excepto una. Esa no venía. El cabrero silbó. La llamó. Gritó.

La cabra se portaba como si estuviera sorda, aunque el cabrero sabía muy bien que no lo estaba.

Estaba oscureciendo. El granjero vendría a buscarlas él mismo si no volvían pronto.

Entonces el cabrero tendría problemas.

Se impacientó con la cabra y le tiró una piedra.

No quería darle. Sólo intentaba que la cabra mirara y se diera cuenta de su llamada.

Pero el cabrero impaciente no apuntó bien. La piedra GOLPEO a la cabra y rompió el extremo de uno de sus cuernos.

—¡Vaya por Dios! —se quejó el cabrero, mientras corría hacia la cabra—. Por favor, no le digas al granjero lo que te he hecho en el cuerno.

—¡Eres un niño tonto! —baló la cabra—. ¿No ves que mi cuerno roto hablará por sí solo aunque mi lengua no lo haga?

De nada sirve intentar esconder lo que no puede esconderse.

EL VIENTO DEL NORTE Y EL SOL

El Viento del Norte y el Sol estaban discutiendo.

—¡Yo soy más fuerte que tú! —dijo el Viento del Norte.

—¡Oh, no lo eres! —dijo el Sol.

El asunto tenía que ser zanjado de una manera u otra o la disputa continuaría para siempre con terribles consecuencias climatológicas.

En aquel momento había un viajero que andaba alrededor del mundo. El Viento del Norte y el Sol acordaron que cualquiera de ellos que pudiera separar al viajero de su capa, en el menor tiempo, sería declarado el más fuerte.

El Viento del Norte fue el primero. Reunió todas sus fuerzas y sopló tan fuerte como lo hacía en la noche, más fría y ventosa de invierno. Estaba seguro de que podría desprender el manto del viajero de sus hombros y darle vueltas en el aire como una mota de polvo. Estaba equivocado. Cuanto más fuerte soplaba, más estrechamente se envolvía en su capa el viajero, su tembloroso cuerpo.

—No sé por qué tienes que sonreírte —gruñó el Viento del Norte al Sol—. Si yo no he podido separar al viajero de su abrigo, estoy seguro de que tú tampoco podrás.

El Sol ignoró la amenazadora observación del Viento del Norte y continuó sonriendo. Su sonrisa comenzó a calentar al viajero. No pasó mucho tiempo antes de que el viajero aflojara el apretado cierre de su capa y la dejara abierta. La sonrisa del Sol iba calentando más y más... El viajero se echó la capa al hombro de tal modo que colgaba de su espalda. La sonrisa del Sol era cada vez más cálida... cada vez más calurosa. Todo empezó a secarse con el calor. El viajero no necesitaba su manto para nada. Se lo quitó y lo llevó arrastrando por el polvo detrás de él.

El Sol alcanzó mediante la suave persuasión lo que el Viento del Norte fue incapaz de hacer por la fuerza.

EL GRAJO Y LA JARRA DE AGUA

Un grajo sediento estaba buscando algo de beber. Sabía que si no encontraba algo pronto se moriría de sed. De repente vio agua en el fondo de un jarro.

Podía verla pero no podía alcanzarla. Su pico era demasiado corto. El grajo sabía que si volcaba el jarro el agua se derramaría y el suelo la absorbería, quedándose sin ella para siempre.

—Estoy a punto de morir —pensó—, cuando tengo a mi alcance lo que podría salvarme.

El grajo estaba tan desesperado por algo de beber, que al problema tenía que encontrar una solución de algún modo.

Había algunos guijarros pequeños en el suelo.

Empezó cogiéndolos uno por uno y echándolos a la jarra de agua. Según el montón de piedrecitas iba creciendo dentro de la jarra, se iba elevando el nivel del agua.

Cuando alcanzó el borde del jarro el sediento grajo pudo beber.

La necesidad es la madre de la invención.

EL NIÑO Y LOS CARAMELOS

Un niño glotón metió la mano en un bote de caramelos e intentó sacar algunos.

Su mano entró bastante fácilmente en el tarro agarrando tantos caramelos que no podía sacarla. Rompió a llorar. No quería perder ninguno de los caramelos, pero tampoco quería llevar el tarro como guante el resto de su vida.

Un observador le dio un consejo.

—No seas tan glotón —dijo—. Coge la mitad de caramelos y podrás sacar fácilmente la mano del tarro.

No intentes demasiado de una sola vez.

LOS RATONES Y LAS COMADREJAS

Había una guerra entre los ratones y las comadrejas. Los ratones perdían cada batalla en la que luchaban y sus filas se hacían cada vez más pequeñas.

—Debemos hacer algo antes de que nos maten a todos —dijo uno de los que quedaban—. No ganamos ninguna batalla porque nunca planeamos nuestra acción. Necesitamos generales que nos digan qué hacer y generales que nos dirijan cuando estemos en una batalla».

Los otros ratones estuvieron de acuerdo en que tenía razón y eligieron generales para asegurarse de que todos sabían quienes eran los generales les dieron cascos con plumas y grandes placas de oficina. Estaban grandiosos y se sentían muy importantes.

Los generales conspiraron y planearon y cuando las comadrejas volvieron a atacar se pusieron sus cascos con plumas y guiaron a los ratones en la batalla.

Los ratones lucharon mejor que nunca, pero las comadrejas eran todavía demasiado inteligentes para ellos y los generales tuvieron que dar orden de romper filas y huir. Los ratones corrieron rápidamente a sus agujeros y estuvieron seguros. Los generales también corrieron, pero estaban tan pesados con los cascos de plumas y las placas de oficina eran tan grandes y pesadas que no pudieron entrar a tiempo.

Las comadrejas les capturaron a todos.

La vanidad es necedad.

53

MERCURIO Y EL LEÑADOR

Había una vez un leñador a quien por un accidente se le cayó el hacha a un río.

Intentó desesperadamente recobrarla, pero el río era muy profundo y corría muy rápido en ese lugar y aunque lo intentó no pudo alcanzrla; sin su hacha no podía trabajar. Su familia moriría de hambre.

Mercurio, que era uno de los dioses antiguos, vio al leñador tratando de recobrar su hacha y le dio pena.

—Te cogeré el hacha —dijo—. Se sumergió tan recta y rápidamente como una flecha en el cauce y volvió... con un hacha de oro puro.

—Esa no es la mía —dijo el leñador— y rehusó tomarla cuando Mercurio se la ofreció.

Mercurio se sumergió en el cauce otra vez y regresó con un hacha de pura plata. El leñador movió la cabeza.

—Esa tampoco es mi hacha —dijo.

Mercurio se sumergió en el cauce por tercera vez y volvió con un hacha que estaba golpeada, vieja y obviamente muy usada.

—¡Esa es la mía! —gritó el hombre con alegría— y la cogió anhelante.

Mercurio estaba impresionado por la honestidad del leñador y le dio las hachas de oro y plata como recompensa.

Las noticias de la buena fortuna del leñador se extendieron pronto. Otro leñador fue a la misma parte del río y dejó caer deliberadamente su propia hacha en el agua.

Lloró y se lamentó y simuló que estaba intentando alcanzarla, pero todo el tiempo estaba esperando que apareciera Mercurio. Mercurio apareció. Se sumergió en el cauce como lo había hecho antes y regresó con otra hacha dorada.

—¡Es mía! ¡Es mía! —gritó el hombre ávidamente— y trató de arrebatar la reluciente hacha de la mano de Mercurio.

Mercurio sabía por supuesto que no lo era.

El y el hacha dorada desaparecieron. El hacha del propio leñador se quedó tirada en el fondo del río donde todos podían verla, pero nadie alcanzarla y el leñador avaro tuvo que marcharse a casa con las manos vacías.

La honestidad es la mejor política.

EL PAVO REAL Y LA CIGÜEÑA

Había una vez un pavo real que era muy vanidoso. Siempre estaba jactándose de lo hermoso de sus plumas. Cada vez que llovía se pavoneaba buscando un charco. Cuando encontraba uno estaba mirando su propio reflejo hasta que el charco se secaba.

—Mira mi cola —decía—. Mira los colores de mis plumas. ¡Mírame! Debo de ser el pájaro más bonito del mundo.

Abría su cola y se ponía orgulloso como un rey esperando que alguien pasara y le admirara.

Un día pasó una cigüeña. El pavo real miró el pico y las plumas grises de la cigüeña.

—Eres extremadamente vulgar y muy insulsa —dijo rudamente.

—¿No puedes hacer algo para ser más vistosa?

—No puedo negar que tus plumas son más bonitas que las mías —dijo la cigüeña mientras abría sus alas—. Pero me doy cuenta de que no vuelas. Con toda tu belleza, tus plumas no pueden levantarte del suelo, mientras las mías, aunque vulgares, me pueden llevar hasta el cielo.

Cada uno tiene sus propias cualidades.

EL BURRO Y SU SOMBRA

Un día caluroso de verano un viajero alquiló un burro para que le llevara por la carretera polvorienta hasta la siguiente ciudad.

El burro se negaba a caminar sin que le arrearan a cada momento, así que el dueño andaba detrás golpeándole para seguir adelante cada vez que parecía que iba a pararse.

A la mitad del día, cuando el sol estaba en lo más alto, se pararon a descansar. El viajero bajó del burro y se acomodó en la única sombra que había, que resultaba ser la propia del burro. El dueño del burro se quiso sentar a la sombra también.

—El burro es mío —le dijo al viajero—, por lo tanto su sombra es mía. Quítate y déjame sentarme ahí.

—¡No lo haré! —dijo el viajero—. He alquilado el burro para todo el día, así que por hoy la sombra del burro es mía.

—Tú alquilaste el burro. No dijiste nada acerca de su sombra —dijo el propietario del burro— y empujó al viajero. Los dos hombres estaban cansados y tenían mucho calor. Perdieron en seguida la calma. No mucho después empezaron a golpearse mutuamente.

Mientras los dos hombres luchaban por la sombra, el burro se fue trotando por la colina. Pronto quedó lejos de su vista.

Y también por supuesto con él, su sombra.

EL BUEY Y LAS RANAS

Dos ranitas estaban jugando en el borde de un charco cuando un buey fue a beber.

El buey pisó accidentalmente a una de ellas y la aplastó completamente.

—¿Dónde está tu hermana? —preguntó la madre al finalizar el día.

—Ha muerto —dijo la ranita—. Una criatura muy grande llegó al charco donde estábamos jugando y la pisó.

—¿De qué tamaño era esa criatura? —preguntó la madre de la ranita—. ¿Era así de grande?

Infló sus carrillos y se hinchó por los dos lados.

—¡Oh!, era mucho más grande que eso —dijo la ranita.

—¿Era así de grande? —preguntó la madre de la ranita inflándose aún más.

—¡Oh!, mucho. MUCHO más grande que eso —contestó.

La madre rana se infló, se infló y se INFLO.
Se puso tan grande, tan redonda como una calabaza muy gorda.
—¿Era así de grande? —empezó a decir— y entonces explotó.